yukismart.com/b/6087a6
AF364389
1
2

1

eins

หนึ่ง

nueng

Ananas

สับปะรด

sapparot

Gitarre

กีตาร์

kita

2

zwei

สอง

song

Dinosaurier
ไดโนเสาร์

dainosao

Zwillinge
ฝาแฝด

fafaet

3

drei

สาม

sam

Seesterne

ปลาดาว

pladao

Pfirsiche

พีช

phicha

4

vier

สี

si

Kirschen

เชอร์รี

choeri

Roboter

หุ่นยนต์

hunyon

5

fünf

ห้า

ha

Finger

นิ้ว

nio

Bleistifte

ดินสอ

dinso

6

sechs

หก

hok

Süßigkeiten

ลูกอม

luk-om

Herzen

หัวใจ

huachai

7

sieben

เจ็ด

chet

Muscheln

เปลือกหอย

plueakhoi

Blöcke

บล็อก

blok

8

Ameisen

มด

mot

Blumen

ดอกไม้

dokmai

9

neun

เก้า

kao

Fische

ปลา

pla

Knöpfe

กระดุม

kradum

10

zehn

สิบ

sip

Kerzen

เทียน

thian

Eier

ไข่

khai

2 4 6 8 10

gerade

เลขคู่

lekkhu

1 3 5 7 9

ungerade

เลขคี่

lekkhi

ganz

ทั้งหมด

thangmot

halb

ครึ่ง

khrueng

rot

แดง

daeng

Regenschirm

ร่ม

rom

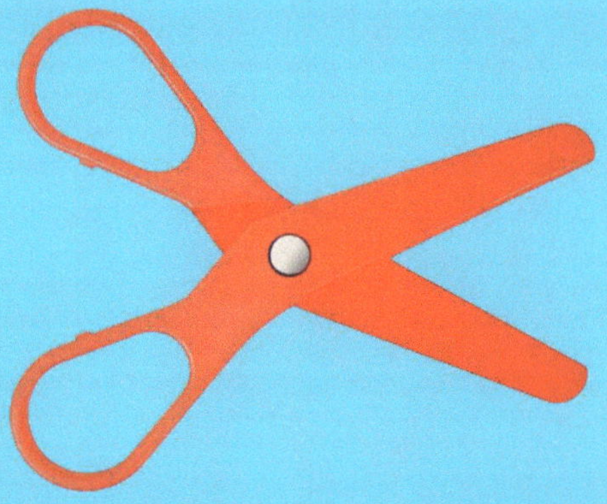

Schere

กรรไกร

kankrai

gelb

เหลือง

lueang

Banane

กล้วย

kluai

Käse

ชีส

chit

grün
เขียว
khiao

Gemüse
ผัก
phak

Flasche
ขวด
khuat

grau

เทา

thao

Teppich

พรม

phrom

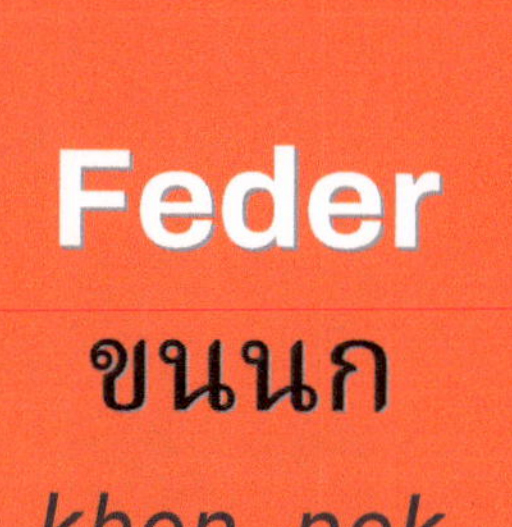

Feder

ขนนก

khon nok

orange
ส้ม
som

Kürbis
ฟักทอง
fakthong

Orangensaft
น้ำส้ม
namsom

weiß
ขาว
khao

Tasse
ถ้วย
thuai

Umschlag
ซองจดหมาย
songchotmai

schwarz

ดำ

dam

Brille

แว่นตา

waenta

Hemd

เสื้อเชิ้ต

sueachoet

braun
น้ำตาล
namtan

Geige
ไวโอลิน
wai-olin

Kuchen
เค้ก
khek

blau

ฟ้า

fa

Badehose

กางเกงว่ายน้ำ

kangkeng wainam

Schwimmbrille

แว่นตาว่ายน้ำ

waenta wainam

rosa

ชมพู

chomphu

Eis
ไอศกรีม

aisakrim

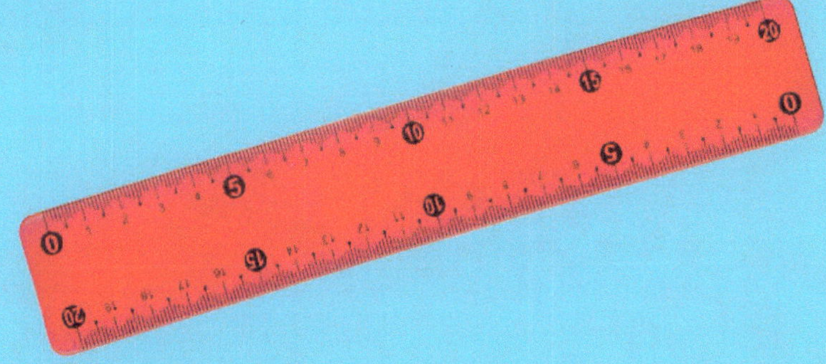

Lineal
ไม้บรรทัด

maibanthat

lila

ม่วง

muang

Würfel

ลูกเต๋า

luktao

Fecher

พัด

phat

helle Farben

สีอ่อน

si-on

dunkle Farben

สีเข้ม

si khem

Kreis
วงกลม
wongklom

Quadrat
สีเหลียมจัตุรัส
siliamchatturat

Stern
ดาว
dao

Herz
หัวใจ
huachai

Halbmond
เสี้ยว

siao

Dreieck
สามเหลี่ยม

samliam

Rechteck
สี่เหลี่ยมผืนผ้า

siliamphuenpha

oval
วงรี

wongri

Tropfen
หยดน้ำ

yotnam

Kreuz
กากบาท

kakabat

Würfel
ลูกบาศก์

lukbat

Kugel
ทรงกลม

songklom

Ring
วงแหวน
wongwaen

Kleeblatt
ใบไม้สามแฉก
baimai sam chaek

Zylinder
ทรงกระบอก
songkrabok

Kegel
กรวย
kruai

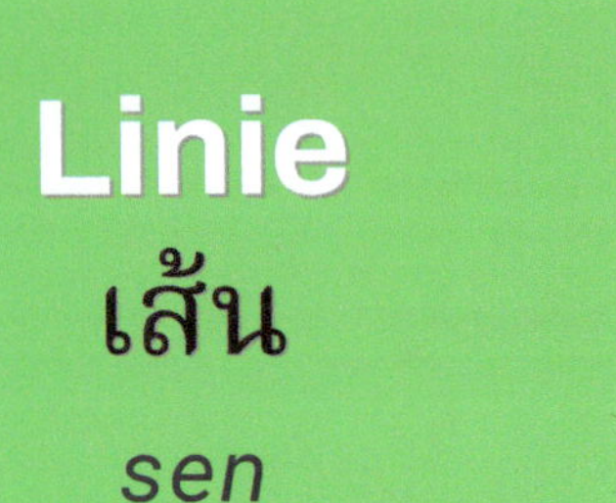

Linie
เส้น

sen

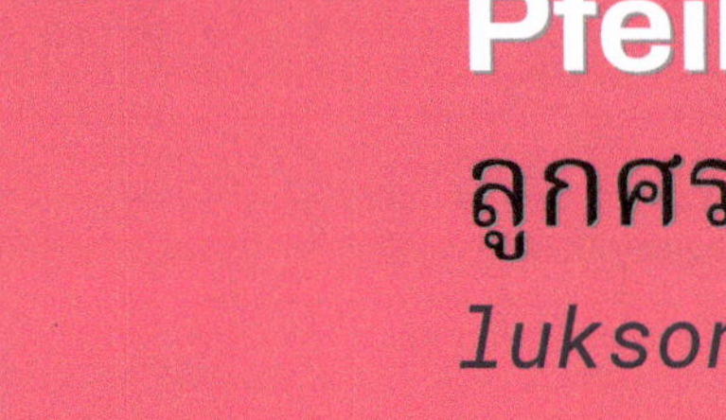

Pfeil
ลูกศร

lukson

Punkte
จุด

chut

Zickzack

ซิกแซก

siksaek

Kurve

เส้นโค้ง

senkhong

Spirale

เกลียว

kliao

zeichnen

วาด

wat

malen

ระบาย

rabai

zählen

นับ

nap

schreiben

เขียน

khian

klein
เล็ก
lek

groß
ใหญ่
yai

Maus
หนู
nu

Elefant
ช้าง
chang

kurz
ส้น
san

lang
ยาว
yao

Wurm
หนอน
non

Schlange
งู
ngu

dünn

บาง

bang

dick

หนา

na

leer

ว่างเปล่า

wangplao

voll

เต็ม

tem

1
2
3